I0013651

BEI GRIN MACHT SICH II
WISSEN BEZAHLT

- Wir veröffentlichen Ihre Hausarbeit,
  Bachelor- und Masterarbeit

- Ihr eigenes eBook und Buch -
  weltweit in allen wichtigen Shops

- Verdienen Sie an jedem Verkauf

Jetzt bei www.GRIN.com hochladen
und kostenlos publizieren

Gunnar Halden

Darstellung der J2EE Architektur

GRIN Verlag

Bibliografische Information der Deutschen Nationalbibliothek:

Die Deutsche Bibliothek verzeichnet diese Publikation in der Deutschen National-
bibliografie; detaillierte bibliografische Daten sind im Internet über http://dnb.d-
nb.de/ abrufbar.

Impressum:

Copyright © 2001 GRIN Verlag GmbH
Druck und Bindung: Books on Demand GmbH, Norderstedt Germany
ISBN: 978-3-638-63806-7

Dieses Buch bei GRIN:

http://www.grin.com/de/e-book/3313/darstellung-der-j2ee-architektur

GRIN - Your knowledge has value

Der GRIN Verlag publiziert seit 1998 wissenschaftliche Arbeiten von Studenten, Hochschullehrern und anderen Akademikern als eBook und gedrucktes Buch. Die Verlagswebsite www.grin.com ist die ideale Plattform zur Veröffentlichung von Hausarbeiten, Abschlussarbeiten, wissenschaftlichen Aufsätzen, Dissertationen und Fachbüchern.

Besuchen Sie uns im Internet:

http://www.grin.com/

http://www.facebook.com/grincom

http://www.twitter.com/grin_com

Darstellung der J2EE Architektur

von

Gunnar Halden

Inhaltsverzeichnis

Abbildungsverzeichnis

Tabellenverzeichnis

Abkürzungsverzeichnis

a.a.O.	Am angeführten Ort
API	Application Programming Interface
EIS	Enterprise Information System
EJB	Enterprise Java Beans
J2EE	Java 2 Enterprise Edition
JSP	Java Server Pages
S.	Seite
s.a.	siehe auch
z.B.	Zum Beispiel

1. Einleitung

Durch die wachsende Bedeutung des Internet und des E-Commerce unterliegt die Softwareindustrie einem starken Wandel. Die Anforderungen an die Softwareentwicklung sind im Laufe der Zeit immer mehr gestiegen. Neben der stark zunehmenden Komplexität der Anwendungen muss auch die Entwicklungszeit möglichst kurz gehalten werden, um auf die sich schnell ändernden Anforderungen der Märkte zu reagieren. Begriffe wie time-to-market sind für die Wettbewerbsfähigkeit der Unternehmen von entscheidender Bedeutung. Durch die zunehmende Vernetzung und den Kommunikationsbedarf innerhalb der Unternehmen ist auch eine einheitliche Sicht auf Daten und Prozesse erforderlich, um einen reibungslosen Informationsfluss zu gewährleisten. Insgesamt ergeben sich folgende Anforderungen an die Softwareentwicklung:

- *Kurze Entwicklungszeiten* – auf neue Trends und Technologien muss immer schneller reagiert werden
- *Produktivität der Programmierung* – neue Technologien müssen sinnvoll mit den bestehenden Systemen verbunden werden
- *Hohe Verfügbarkeit und Zuverlässigkeit* – durch die steigende Bedeutung der EDV richten auch Ausfallzeiten einen größeren Schaden an
- *Sicherheit* – die intra- und interbetriebliche Vernetzung erfordert umfassende Sicherheitsmodelle
- *Skalierbarkeit* – einfacher Ausbau des (Teil-) Systems bei wachsenden Anforderungen
- *Integration* – neue Anwendungen müssen mit den vorhandenen Datenbanksystemen integriert werden können

Eine Möglichkeit diesen Anforderungen zu begegnen ist die Aufteilung der Systemarchitektur in mehrere Schichten.[1]

Die hier vorliegende Arbeit stellt die Architektur der Java 2 Enterprise Edition (J2EE), welche auf einer mehrschichtigen Systemarchitektur basiert, vor. Ziel dieser Arbeit ist es die Grundlegende Architektur und die Vorteile der J2EE aufzuzeigen. Anfangs wird ein kurzer Überblick über die Systemarchitekturen und das Grundkonzept der J2EE gegeben. Anschließend wird gezeigt aus welchen Elementen die Architektur besteht und wie sie aufgebaut ist. Zum Schluss wird die praktische Umsetzung und die Vorteile dieser Architektur am Beispiel der Firma J.Crew verdeutlicht.

---

[1] Vgl. Cattell, Rick: J2EE Technology in Practice, Online im Internet:
http://developer.java.sun.com/developer/Books/J2EETech/ch2.pdf, Abruf 15.10.2001, S. 12-14

1

2. Grundlagen

2.1 Client/Server Architekturen

Im Folgenden wird beschrieben wie sich die Systemarchitekturen aufteilen lassen, um den genannten Anforderungen gerecht zu werden. Zuerst wird die klassische 2-Ebenen Architektur beschrieben, um dann anschließend anhand der Nachteile dieser Architektur die Vorteile einer 3-/Mehr-Ebenen Architektur aufzuzeigen.

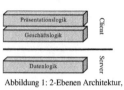

Abbildung 1: 2-Ebenen Architektur,

Entworfen und gezeichnet: Verfasser

Bei der 2-Ebenen Architektur handelt es sich um die klassische Client-Server Architektur. Der Client greift auf einen Server zu, wobei die Geschäfts- und Präsentationslogik auf dem Client abgelegt ist. Man spricht in diesem Fall von einem Fat-Client. Dieser Ansatz weist jedoch eine Reihe von Nachteilen auf. Zum einen ist der Wartungsaufwand sehr hoch, da im Falle von Fat-Clients selbst bei kleinsten Änderungen der Anwendungslogik jeder Client einzeln aktualisiert werden müsste. Zum anderen ist eine 2-Ebenen Architektur nur schwer skalierbar. Ein Großteil der Arbeitslast liegt bei den Clients, wobei auch die Belastung der Netzwerke aufgrund der vielen Datenbankanfragen relativ hoch ist.

Seit einiger Zeit existieren aber auch Architekturen, bei denen die Geschäftslogik auf dem Server abgelegt wird. In diesem Fall relativieren sich die Nachteile der klassischen Client-Server Architektur, da das System nun leichter skalierbar ist und die Belastung des Netzwerkes sinkt. Es entsteht aber das Problem, daß auf diese Weise die Geschäftslogik fest an eine bestimmte Realisierung der Datenschicht gebunden ist.[2]

Die 3-Ebenen Architektur teilt die Anwendung in drei Schichten auf, bei dem die Benutzerschnittstelle auf dem Client-Rechner liegt und die Daten auf dem Backend-Server. Dazwischen liegt die Mittlere-Ebene (Middle-Tier), welche auch Applikationsserver genannt wird, die für die Steuerung und Verarbeitung verantwortlich ist. Der Applikationsserver „bietet eine Infrastruktur für die Entwicklung und den Ablauf von Business-Logik-Komponenten."[3] Der Applikationsserver kann wie folgt definiert werden: Ein Applikationsserver ist ein spezielles Computerprogramm (Server) in einem verteilten Netzwerk, der die Geschäftslogik für Applikationsprogramme bereitstellt. Er wird oft als Teil einer vielschichtigen Applikation angesehen. Oft verbindet der Applikati-

---

[2] Vgl. Stahlknecht, Peter u.a.: Einführung in die Wirtschaftsinformatik, 8.Aufl., Berlin 1999

onsserver seine Dienste mit einem Web-Server. Als Web-Server wird ein Programm bezeichnet, das Anfragen zu dynamischen als auch statischen Dokumenten, Bildern etc. über ein spezielles Protokoll abarbeiten kann.[4]

Die Multi-Tier (Mehrfach-Ebenen) Architektur erweitert die 3-Ebenen Architektur, indem die Anwendungskomponenten auf mehrere Schichten verteilt werden. Die Präsentationsschicht ist weiterhin auf dem Client installiert und die Daten liegen auf dem Backend-Server, welcher auch als EIS-Ebenen (Enterprise Information System) bezeichnet wird. Die Mittlere-Ebene wird hier jedoch weiter differenziert. Es werden auf den dazwischen liegenden mittleren Schichten weitere Server implementiert, die sich zum Beispiel gegenüber einem Backend-Server wie ein Client verhalten und bestimmte Services anfordern, während sie sich gegenüber dem Client-Rechner wie ein Server verhalten, der Dienste zur Verfügung stellt. Ein Beispiel hierfür wäre die Aufteilung der Middle-Tier in einen Web-Server und einen Server für die Geschäftslogik.[5]

Abbildung 2: Mehr-Ebenen Architektur
Entworfen und gezeichnet: Verfasser

Die 3-Ebenen bzw. Multi-Tier Architektur weist erhebliche Vorteile im Vergleich zur 2-Ebenen Architektur auf. Durch die Zentralisierung der Geschäftslogik kann eine erhöhte Sicherheit realisiert werden, da die schutzbedürftigen Unternehmensdaten sowohl physikalisch als auch logisch z.B. von den Clients getrennt werden. Aber „auch die Leistungsfähigkeit des Systems einschließlich der Möglichkeit zur Skalierung wächst, da die relevanten Komponenten nicht mehr über das Netzwerk verteilt sind"[6]. Als Nachteil ergibt sich jedoch die erhöhte Komplexität des Gesamtsystems. Hieraus resultiert auch der erhöhte Entwicklungs-, Management-, und Administrationsaufwand.[7]

Das Konzept der Multi-Tier Architektur existiert bereits seit einigen Jahren. Das Problem war jedoch, dass es keinen einheitlichen Standard für die Umsetzung dieser Architektur gab. Somit musste das Zusammenspiel zwischen Applikationsserver für jedes Produkt neu angepasst werden. Da keine Definition der Schnittstellen existierte, konnte die Portabilität nicht genutzt und somit die Vorteile der Multi-Tier Architektur nicht

---

[3] Vgl. Hranitzky, Norbert: Applikationsserver, Online im Internet: http://www.hranitzky.purespace.de/docs/appserver.pdf, Stand 4.11.1998, Abruf 2.9.2001, S. 55
[4] Vgl. o.V.: Online im Internet: www.whatis.com, Abruf 5.10.2001.
[5] Vgl. Stahlknecht, Peter u.a., a.a.O., S. 145-150.
[6] Husemann, Martin: Java 2, Enterprise Edition Einführung und Überblick, Online im Internet: http://wwwdbis.informatik.uni-kl.de/courses/seminar/SS2001/, Abruf 27.9.2001, S. 6.
[7] Vgl. Cattell, Rick, a.a.O., S. 13-14.

3

ausgenutzt werden. Die Firma Sun versucht dieses Problem mit der Java 2 Enterprise Edition zu lösen.

2.2 Das Konzept der Java 2 Enterprise Edition

Die Java-2-Enterprise-Edition (J2EE) definiert einen Standard zur Implementation, Konfiguration, Verteilung und zum Einsatz von unternehmensweiten Anendungen. Es handelt sich hierbei jedoch nicht um ein Produkt, sondern um einen allgemeinen Rahmen zur Erstellung solcher Anwendungen. Er basiert auf dem Komponentenmodell von Java und wurde von Sun definiert. Dabei kann die J2EE-Technologie als konsequente Weiterentwicklung der Java-APIs JDBC, Servlets und Enterprise Java Beans betrachtet werden

„Der Kern des J2EE-Modells besteht darin, einfach anpassbare und leicht zu administrierende Komponenten unabhängig von Systemdiensten wie Transaktionsverwaltung, Persistenz oder Autorisierung zu entwickeln, welche plattformübergreifend eingesetzt und an existierende Informationssysteme angekoppelt werden können.“[8]

Die Basis bildet eine 3-Ebenen Architektur bzw. eine Multi-Tier Architektur, in der die Geschäftslogik zum einen von Systemdiensten und zum anderen von der Benutzerschnittstelle abgekoppelt wird. Dies geschieht durch die sogenannte Middleware bzw. durch den Applikationsserver. „Im Vergleich zu anderen Middleware-Techniken [...] erhebt J2EE den Anspruch konsequent auf einem Komponentenmodell zu basieren und portabel zu sein.“[9] Somit können die Vorteile der Wiederverwendbarkeit und der Plattformabhängigkeit genutzt werden.[10]

Ziel der J2EE ist es, die Kosten und die Komplexität des Entwickelns von Multi-Tier Anwendungen zu reduzieren. Dies soll durch die Definition einer Standardarchitektur geschehen, welchen aus folgenden drei Hauptelementen besteht:

- **Komponenten** - beinhalten die Präsentations- und Geschäftslogik
- **Container** - setzen die Laufzeitumgebung um
- **Connectoren** - stellen den Zugang zu den Datenbanksystemen her[11]

Abbildung 3 zeigt die verschiedenen Komponenten, welche in der J2EE enthalten sind. Die hier aufgeführten BluePrints bezeichnen das Standard-Applikationsmodell der

---

[8] Turau, Volker u.a.: Java Server Pages und J2EE:unternehmensweite Web-basierte Anwendungen, 1. Aufl., Heidelberg 2001, S. 1.
[9] Turau, Volker u.a., a.a.O., S. 1.
[10] Vgl. o.V., Developing Java 2 Platform, Enterprise edition (J2EE) Compatible Applications:Role-based Training for Rapid Implementation, Online im Internet: http://java.sun.com/j2ee/white/j2ee.pdf, Stand 10.1.2001, Abruf 4.10.2001, S. 2-3; (im folgenden zitiert als: Developing J2EE Applications)
[11] Vgl. o.V., Developing J2EE Applications, a.a.O., S. 3.

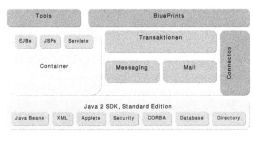

Abbildung 3: Zusammensetzung der J2EE

Entworfen und gezeichnet: Verfasser, in Anlehnung an, o.V., Setting the Standard, S. 3.

J2EE, in dem die Aufteilung der Architektur in Client-Ebene (Client-Tier), Mittlere-Ebene (Middle-Tier) und EIS-Ebene (EIS-Tier) erläutert wird. Ein weiterer Bestandteil ist die J2EE-Plattform, die sich mit der Standardlaufzeitumgebung für J2EE Anwendungen beschäftigt. Des Weiteren gibt es noch eine Referenzimplementation, sowie eine Sammlung von Kompatibilitätstests.[12]

Die Anwendung der J2EE Architektur bringt eine Reihe von Vorteilen, welche hier kurz erläutert werden:

- Einfache und somit schnellere Entwicklung

Durch die Plattformunabhängigkeit von Java kann einmal entwickelte Software auf verschiedenen Rechnertypen und Betriebssystemen eingesetzt werden. Dies beschleunigt die Entwicklungszeiten, da unterschiedliche Programmiermodelle nicht mehr berücksichtigt werden müssen. Das Komponentenkonzept erlaubt zusätzlich eine leichte Modellierung des Systems nach Funktionalitäten.

- Bessere Skalierbarkeit

Die Multi-Tier Architektur von J2EE erlaubt eine gezielte Skalierung des Systems an genau den Stellen, wo Leistungsengpässe bestehen. So können zum einen mit Hilfe der Container (s.a. Container Architektur) Erweiterungen auf die betroffenen Teile begrenzt werden und zum anderen besteht die Möglichkeit Container so zu implementieren, dass sie sich selbstständig skalieren.

- Integration von bestehenden Datenbanksystemen

Durch die JDBC Treiber können die unterschiedlichsten relationalen EIS über eine einheitliche Schnittstelle angeschlossen werden. Die neue Connector Architektur erlaubt zusätzlich das Anbinden von nichtrelationalen EIS, wie z.B. SAP R/3.

- Einheitliches Sicherheitsmodell

---

[12] Vgl. o.V., Setting the Standard for Enterprise Applications, Online im Internet: http://java.sun.com/j2ee/overview3.html, Abruf 14.10.2001, S. 2-4;(Im folgenden zitiert als: Setting the Standard)

Durch das J2EE Sicherheitsmodell ist es möglich, dass Zugriffe über die Grenzen verschiedener Systeme kein erneutes Anmelden erfordern.

- Freie Wahl der Produkte

Die Unternehmen müssen sich nicht auf einen Hersteller festlegen. Serverplattform und Komponenten können von verschiedensten Anbietern angeboten werden. Die Einhaltung des J2EE Standards garantiert die Kompatibilität zwischen den einzelnen Produkten.[13]

3. Die Architektur der Java 2 Enterprise Edition

3.1 Die Client/Server Architektur

Die Java 2 Enterprise Edition beschreibt eine verteilte, mehrschichtige und Java-basierte Anwendungsarchitektur. Diese teilt sich auf in eine Client-Ebene, eine Mittlere-Ebene, wobei sich diese in eine Web-Ebene und Geschäftsebene aufteilt, sowie eine Enterprise Information System (EIS) –Ebene. Die Aufteilung der Mittleren-Ebene in eine Web- und Geschäftsebene ist nicht zwingend erforderlich und kann auch nur logisch und nicht physikalisch geschehen. In diesem Fall würden beide Ebenen auf dem J2EE-Server liegen. Unter dem J2EE-Server versteht man letztendlich nichts anders als einen J2EE konformen Applikationsserver.[14]

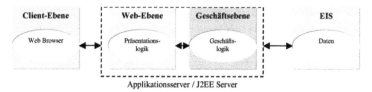

Abbildung 4: J2EE Architektur

Entworfen und gezeichnet: Verfasser, in Anlehnung an: o.V., Developing J2EE Applications, S. 5

Die Aufgabe der Client-Ebene beschränkt sich primär auf das Anzeigen von Informationen z.B. durch einen Web-Browser, sowie die Entgegennahme von Benutzereingaben. Ziel ist es möglichst wenig Applikationen, wie z.B. Datenbankabfragen, auf dem Client selbst durchzuführen. Es sollen Thin-Clients realisiert werden. Zu den hier unterstützten Technologien gehören unter anderem auch HTML-Clients, Applets, XML-Dokumente und auch java-basierte Stand-Alone-Programme. Die Client-Ebene stellt also das Front-

---

[13] Vgl. o.V., Frequently Asked Questions, Online im Internet: http://java.sun.com/j2ee/faq.html, Stand 17.9.2001, Abruf 17.9.2001, S. 1-2.
[14] Vgl. Pawlan, Monica: Introduction to the J2EE Platform, Online im Internet: http://developer.java.sun.com, Stand 23.3.2001, Abruf 3.9.2001, S. 2-3.

End der J2EE dar. Als mögliches Front-End kommen sowohl Desktop Anwendungen und Web Browser, als auch Endgeräte wie PDAs oder Mobiltelefone in Frage. Die Client-Ebene kommuniziert primär mit der Web-Ebene, kann aber auch direkt auf die Business-Ebene zugreifen. Ein direkter Zugriff auf die EIS-Ebene ist nicht möglich, wodurch die EIS-Ebene, welche u.a. auch die sensiblen Geschäftsdaten enthält, besser geschützt wird.[15]

Auf der Web-Ebene wird die Präsentationslogik zur Verfügung gestellt. Gleichzeitig nimmt sie die Benutzereingaben von HTML, Applets und XML Clients entgegen und generiert die entsprechenden Antworten. Diese Ebene kann durch Servlets oder Java Server Pages (JSP) realisiert werden. Die Web-Ebene kommuniziert mit Client- und Business-Ebene. Die Web-Ebene realisiert die Präsentationsschicht einer J2EE-Anwendung und leitet u.a. auch Anfragen der Client-Ebene an die Business-Ebene weiter.

Die Business-Ebene stellt die Geschäftslogik bzw. Anwendungslogik zur Verfügung, welche durch Enterprise Java Beans (EJB) realisiert wird. Diese Schicht bildet das Rückrat des gesamten J2EE-Konzepts. Die Business-Eben kommuniziert mit allen drei Ebenen. So startet sie u.a. Abfragen an die EIS-Ebene, leitet Abfrageergebnisse an die Web- oder Client-Ebene weiter, oder empfängt Abfragedaten von der Web- oder Client-Ebene.[16]

In der EIS-Ebene werden die unternehmenskritischen Daten gehalten. Hierbei kann es sich um verschieden Arten von Datenbanken handeln, sowohl relationale als auch nicht-relationale Datenbanksysteme. Die Aufgaben der EIS-Ebene erstrecken sich von gewöhnlichen Datenbanksystemen über das Enterprise Resource Planing (ERP), sogenanntes Mainframe Transaction Processing und andere Informationssysteme. Der Zugriff auf die Datenbanken wird durch eine Reihe von Standard APIs realisiert. Die Anbindung relationaler Datenbanken erfolgt primär über die Java Database Connectivity (JDBC) Treiber, während für die Anbindung nichtrelationaler Datenbanken die Java Connector-Architektur vorgesehen ist.[17]

3.2 Die Komponenten der Java 2 Enterprise Edition

In dem folgenden Abschnitt wird kurz das allgemeine Komponentenmodell beschrieben. Anschließen wird auf dessen Umsetzung in der J2EE eingegangen, wobei hier das

---

[15] Vgl. o.V. What is the Java 2 Platform, Enterprise Edition?, Online im Internet:
http://java.sun.com/j2ee/sdk_1.2.1/techdocs/guides/j2ee-overview/OverviewTOC.fm.html, Stand 1999, Abruf 3.9.2001, S. 4-6.
[16] Vgl. Turau, Volker u.a., a.a.O., S. 4.

Hauptaugemerk auf den serverseitigen Komponenten, nämlich den Enterprise Java Beans liegt.

Die Komponententechnik dient der Entwicklung von Komponentensoftware, die eine anwendungsübergreifende Wiederverwendung der Komponenten, eine Art Software-Baustein, unterstützt. Ziel ist es hierdurch Anwendungssysteme zu erstellen, die aus beliebig austauschbaren Komponenten zusammengesetzt werden können. Für jede Komponente muss jedoch ihre Funktionalität und ihre Schnittstellen zur Umgebung genau definiert sein.[18] Das Komponentenmodell legt einen Rahmen für die Entwicklung und Ausführung von Komponenten fest. Es bietet eine Infrastruktur, die häufig benötigte Mechanismen implementieren kann.[19]

Die J2EE Spezifikation definiert vier verschiedene Komponentenarten, die eine J2EE Anwendung unterstützen muss:

- Java Applikationen
- Applets
- Servlets und Java Server Pages (JSP)
- Enterprise Java Beans (EJB)

Diese vier Komponentenarten lassen sich in drei Kategorien aufteilen: Die Client-Komponenten - zu denen Java Applikationen und Applets gehören - , die Web-Komponenten - die die Servlets und JSP beinhalten - und die Business-Komponenten.[20] Die Client-Komponenten stellen im Wesentlichen die grafische Benutzeroberfläche zur Verfügung. Sie können durch Applets, welche in einem Web-Browser ausgeführt werden, oder auch eigenständige Anwendungen realisiert werden, wobei sie nicht durch den J2EE-Server ausgeführt werden und ihre Konfiguration in der J2EE-Spezifikation auch nur teilweise beschrieben wird.[21]

Die Web-Komponenten werden als Benutzerschnittstelle in Web-basierten J2EE-Anwendungen benutzt und unterstützen die dynamische Generierung von Webseiten. Hierbei muss zwischen Servlets und Java Server Pages (JSP) unterschieden werden. Java Servlets sind serverseitig ausführbare Java-Klassen, also eine Art serverseitige Applets, die dynamisch vom Server geladen werden können, um so dessen Funktionalität zu erweitern. Ein Servlet erhält vom Client eine Anfrage, wertet sie aus und generiert eine entsprechende Antwort. Bei den Java Server Pages handelt es sich um eine Erwei-

---

[17] Vgl. Cattell, Rick, a.a.O., S. 14-17
[18] Vgl. Stahlecker, Peter u.a., a.a.O., S. 341
[19] Vgl. o.V.: Online im Internet: http://www-sst.informatik.tu-cottbus.de/~db/doc/SoftwareEngineering/Components.pdf, Abruf 3.9.2001, S. 19
[20] Vgl. Shannon, Bill u.a.: Java 2 Platform Enterprise Edition: platform and component specifications, 1. Aufl., New Jersey 2000, S. 5-6
[21] Vgl. Turau, Volker u.a., a.a.O., S. 4

terung der Servlets. Eine JSP ist eine HTML-Seite mit eingebetetem Java Code. Durch die Einbettung wird es möglich, dynamische HTML-Seiten zu erzeugen. So können z.b. Daten aus einer Datenbank gelesen werden und mit Hilfe einer einfachen Schleife dynamisch in einer Tabelle auf der HTML-Seite dargestellt werden.

Unter den Business-Komponenten versteht man die Geschäftslogik, also die eigentliche Anwendungslogik. Dies sind z.B. Vorgänge wie Ware bestellen, Rechnungen zu erstellen, Lager buchen etc. Realisiert wird die Geschäftslogik mit Hilfe von Enterprise Java Beans, bei der es sich um eine serverseitige Komponente handelt. Eine Besonderheit der EJBs stellt ihre vollständige Portabilität dar.[22]

Die EJBs teilen sich in drei Arten auf: Die Session Beans (transistentes Verhalten), die Entity Beans (persistentes Verhalten) und die Message-Driven Beans, die hier nur am Rande erwähnt werden. Jede Art entspricht einer anderen Abstraktion der Geschäftslogik. Verallgemeinert lässt sich sagen, „dass die Session Beans für die Interaktion mit dem Benutzer und die Entity Beans für die Verarbeitung von Daten in Datenbanken benutzt werden."[23]

Session Beans werden für eine vorübergehende Kommunikation verwendet, da sie sich transistent verhalten und somit zur Realisierung der Anwendungslogik geeignet sind. Die Entity Beans, bei denen eine dauerhafte Speicherung stattfindet, folglich ein persistentes Verhalten aufzeigen, eignen sich zur Realisierung der Datenhaltung.[24]

3.3 Die Container Architektur

Die Laufzeitumgebung für J2EE Anwendungen wird durch sogenannte Container realisiert. Der Container stellt dabei eine einheitliche Sicht auf die in ihm verborgenen Komponenten dar. Diese einheitliche Sicht wird durch das zur Verfügung stellen von Systemschnittstellen realisiert. Der Container „ummantelt" also eine Reihe von Komponenten und stellt ihnen eine einheitliche Schnittstelle zur Verfügung. Dies hat mehrere Vorteile. So müssen sich die Entwickler der Komponenten nun nicht mehr um die Integration und Programmierung von Schnittstellen für ihre Komponenten kümmern. Dadurch kann die Entwicklungszeit verkürzt und die Konzentration auf die Funktionalität der Komponente gerichtet werden. Zusätzlich erhöht diese einheitliche Schnittstellenumgebung die Portabilität von Komponenten und Applikationen.

Die Container bieten den Komponenten den Zugang zu den verschiedensten Technologien und APIs von J2EE. Zu diesen APIs gehören:

---

[22] Stal, Michael: Reich der Mitte: Die Komponententechnologien COM+, EJB und "CORBA Components", Online im Internet: http://www.sigs.de/assets/images/stal.pdf, Abruf 27.9.2001, S. 4-5.
[23] Stampfli, Marc: Seminar Java Aktuell:SS1999, Online im Internet: www.ifi.unizh.ch/~riedl/lectures/EJB.htm, Abruf 3.9.2001, S. 6

- *Java Database Connectivity (JDBC)* – die dazu dient verschiedenste Datenbank-systeme anzubinden (s.a. Datenbankmanagement)

- *Java Transaction API (JTA)* – die den Zugriff von Anwendungen auf gemeinsam genutzte Ressourcen wie Datenbanken oder Message-Systeme regelt und eine korrekte Durchführung von globalen Transaktionen garantiert

- *Java Naming and Directory Interface (JNDI)* – das den Zugriff auf Namens- und Verzeichnisdienste durch Java-Programme ermöglicht

- *Remote Method Invocation (RMI) / Corba Internet Inter ORB Protocol (IIOP)* – Die RMI ermöglicht die Kommunikation zwischen Java-Objekten in verschiedenen virtuellen Maschinen, die RMI-IIOP ermöglicht zusätzlich die Integration von CORBA-Objekten in J2EE Anwendungen

- *Java Message Service (JMS)* – bietet Zugriff auf sogenannte Message-Queuing-Systeme

- *Java Mail* – definiert Schnittstellen und abstrakte Klassen mit denen E-Mails abgerufen oder verschickt werden können

- *Java Beans Activation Framework (JAF)* – ermöglicht den Umgang mit MIME-Datentypen (Multipurpose Internet Mail Extensions)[25]

Insgesamt ergeben sich vier verschiedene Dienste, die durch die Container angeboten werden und allen Komponenten zur Verfügung stehen. Dazu gehört der Namensdienst,

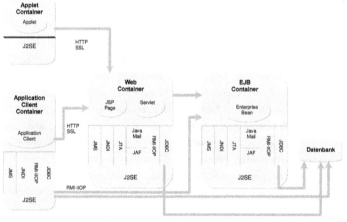

Abbildung 5: J2EE Architektur und Interaktion

Entworfen und gezeichnet: Verfasser, in Anlehnung an Shannon, Bill, 2000, a.a.O., S. 7

---

[24] Vgl. Pawlan, Monica, a.a.O., S. 13.

der Transaktionsdienst, der Sicherheitsdienst und der Konfigurationsdienst.
Der Namensdienst kann von Komponenten und Applikationen gleichermaßen genutzt werden. Er stellt eine JNDI-Namensumgebung zur Verfügung. Diese Umgebung erlaubt unter anderem die Konfiguration von Komponenten ohne Kenntnis des Quellcodes.

Der Transaktionsdienst gehört zu den wichtigsten Diensten einer J2EE Anwendung, er wird daher auch in dem Abschnitt Transaktionsmanagement ausführlich erläutert. Das Gleiche gilt auch für den Sicherheitsdienst.

Der Konfigurationsdienst führt die Konfiguration der Container anhand von Deployment Deskriptoren durch. Diese werden bei der Erstellung, Zusammenstellung und Anpassung der Komponenten angelegt. Es handelt sich hierbei um eine XML-Datei, die beschreibt wie Komponenten zu Aggregaten zusammenzufassen sind, die Informationen enthält die im Code einer Komponente nicht zu finden sind und dem Container mitteilt wie er Komponenten zur Laufzeit zu behandeln hat. Zusätzlich beschreibt er noch die Struktur der Komponente und ihre externen Abhängigkeiten. Beispielsweise können Servlets so konfiguriert werden, so dass sie beim Start des Container automatisch installiert werden.

„Die Aufgabe des Containers besteht darin abhängig vom Inhalt der Deskriptoren automatisch die gewünschte Laufzeitumgebung bereitzustellen, also z.B. eine Transaktion zu starten oder die Sicherheitsbedingungen zu überprüfen.“[26] Dabei stellt sich die Frage wie ein Container die richtige Laufzeitumgebung bereitstellen kann, wenn ein externer Client auf eine Komponente zugreift. Er tut dies, indem er den Aufruf abfängt. Dieser Vorgang wird auch als Interception-Mechanismus bezeichnet. Der Client erhält also keine direkten Zugriff auf die Komponente, auch wenn es aus seiner Sicht so aussieht.

3.3.1. Transaktionsmanagement

Das Transaktionsmanagement muss dafür sorgen, dass Transaktionen korrekt durchgeführt werden und gegebenenfalls bei Unvollständigkeit zurückgenommen werden. Bei der Durchführung von Transaktionen muss das ACID-Prinzip gewährleistet sein. Dieses besagt, dass Transaktionen entweder gar nicht oder komplett ausgeführt werden (Atomicity), eine Transaktion die Datenbank von einem konsistenten wieder in einen konsistenten Zustand überführt (Consistency), Transaktionen unabhängig voneinander ablaufen (Independency) und dauerhaft gespeichert werden (Durability). Anhand des ACID-Prinzips kann erkannt werden, welche Schäden ein schlechtes Transaktionsmanagement anrichten kann.

---

[25] Vgl. Turau, Volker u.a., a.a.O., S. 11-13.
[26] Stal, Michael, a.a.O., S. 2.

Zur Verdeutlichung sei folgendes Beispiel angeführt. Die Abbildung zeigt eine simultane Aktualisierung von mehreren Datenbanken. Die Transaktion wird von einem Client gestartet der die EJB X aufruft. X aktualisiert nun die Datenbanken A und B. Anschließend ruft X die EJB Y auf. Y aktualisiert nun die Datenbank C. Die Aufgabe des EJB-Servers ist es sicherzustellen, dass entweder alle Aktualisierungen durchgeführt oder zurückgenommen werden.[27]

Das J2EE Modell definiert zwei Arten zur Kennzeichnung von Transaktionen. Dabei handelt es sich um die deklarative Transaktionsbegrenzung und die programmierte Transaktionsbegrenzung.

Bei der deklarativen Transaktionsbegrenzung werden neben den Eigenschaften auch die Grenzen, d.h. Anfang und Ende einer Transaktion, innerhalb des Deployment Deskriptors festgelegt. Die

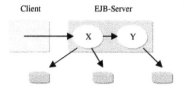

Abbildung 6: Simultane Datenbankaktualisierung
Entworfen und gezeichnet: Verfasser, in Anlehnung an Shannon, Bill, 2000, a.a.O., S. 505

Implementierung der Transaktionsverwaltung muss also nicht vom Komponentenentwickler durchgeführt werden. Die Transaktionsverwaltung wird komplett vom Container übernommen. Es müssen lediglich die Transaktionsattribute festgelegt werden, so dass der Container weiß wie er die Transaktionen durchführen soll. Die deklarative Transaktionsbegrenzung kann jedoch nur von EJB genutzt werden.

Die andere Möglichkeit ist die programmierte Transaktionsbegrenzung, bei der die Komponente die Transaktionsverwaltung in eigener Verantwortung übernimmt. In diesem Fall werden die Eigenschaften der Transaktion in der Komponente selber, also direkt im Quell-Code, angegeben. Diese Variante muss von Web-Komponenten verwendet werden, da ihnen die deklarative Transaktionsbegrenzung nicht zur Verfügung steht.[28]

3.3.2. Sicherheitsmanagement

Da die J2EE insbesondere für Web Anwendungen gedacht ist, nimmt der Sicherheitsaspekt eine besondere Stellung. Vor allem durch die stärkere Vernetzung von Unternehmen wird es immer wichtiger die unternehmenskritischen Daten vor unerlaubten Zugriffen zu schützen. Auch wenn die Sicherheitsanforderungen von Unternehmen zu Unternehmen stark variieren, so teilen sie doch alle folgende Eigenschaften:

- Authentifizierung

---

[27] Vgl. Shannon, Bill u.a., 2000, a.a.O., S. 504
[28] Vgl. Turau, Volker u.a., a.a.O., S. 9

12

- Zugangskontrolle zu den Ressourcen
- Datenintegrität
- Vertraulichkeit
- Sicherheitsreports[29]

Der J2EE Sicherheitsdienst bietet Anwendungen zwei Dienste für das Sicherheitsmanagement an: Authentifizierung und Autorisierung. Diese Sicherheitsmechanismen können entweder direkt im Programmcode, oder deklarativ über den Deployment Deskriptor – wie bei der Transaktionsverwaltung des EJB-Containers – angelegt werden.[30]

Die Authentifizierung von Benutzern wird durch die Web-Komponenten wahrgenommen. Üblicherweise werden dabei Benutzername und Passwort abgefragt. Die Abfrage kann entweder formularbasiert, zertifikatbasiert oder mit HTTP durchgeführt werden. Zuerst fragt der Web-Container oder Server den Client nach den Zugangsdaten und übermittelt diese Daten dann an eine zentrale Benutzerverwaltung o.ä. im Back-End, die die Angaben verifiziert.

Bei der Autorisierung werden dem Benutzer Zugriffsrechte auf eine Ressource oder einen Dienst zugewiesen. In der J2EE basiert sie auf sogenannten Sicherheitsrollen (security roles). Unter einer Sicherheitsrolle versteht man eine logische Gruppierung von Benutzern, wie z.b Außendienst, Service etc. Jeder Gruppe werden bestimmte Zugriffsrechte zugewiesen. Das besondere an der Autorisierung in der J2EE ist, daß die Zuweisung der Gruppen deklarativ erfolgen kann. Dies bedeutet, daß die Sicherheitsrollen zwar im Container bzw. im Deployment Deskriptor, nicht aber in den Komponenten selbst definiert werden müssen. Diese Art der Zugriffszuweisung erleichtert die Programmierung erheblich und erhöht die Portabilität der Komponenten.[31]

3.4. Die Connector Architektur

Dieser Abschnitt befasst sich mit dem von Sun neu eingeführten J2EE Connector Architektur, die momentan in der Version 1.0 vorliegt und Bestandteil der neuen Version 1.3 von J2EE ist. Die Connector Architektur dient der Einbindung von nichtrelationalen Enterprise Information Systems, wie z.B. Enterprise Resource Planing (ERP)-, Customer Resource Management (CRM)- und Mainfraime-Systemen. Durch die Connector Architektur soll es möglich werden Systeme wie z.B. SAP R/3 über eine standardisierte Schnittstelle an eine J2EE konformen Applikationsserver anzubinden.[32]

---

[29] Vgl. Shannon, Bill u.a., 2000, a.a.O., S. 17-18
[30] Vgl Turau, Volker u.a., a.a.O., S. 10
[31] Vgl. Bodoff, Stephanie: J2EE Platform Technologies, Online im Internet: http://www.usd.edu/~jonsmith/j2ee.pdf , Abruf 27.9.2001, S. 37-39.
[32] Vgl. o.V., The J2EE Connector Architecture, Online im Internet: www.inqmy.com, Stand 2.5.2001, Abruf 14.10.2001, S. 3-4.

Diese einheitliche Schnittstelle wird durch den Resource Adapter (s. Abbildung) umgesetzt. Der Resource Adapter stellt die Verbindung zwischen Applikationsserver und EIS her (s.a. Abbildung), wobei für jedes EIS ein Resource Adapter bereitgestellt werden muss. Der Resource Adapter ist dabei nichts anders als eine EIS-spezifische Systembibliothek, die eine Verbindung zu dem jeweiligen EIS herstellt.

Der Resource Adapter wird durch folgende zwei Elemente definiert und realisiert:

- System Verträge (System Contracts)
- Common Client Interface (CCI)

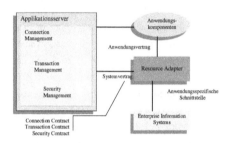

Abbildung 7: Connector Architektur

Entworfen und gezeichnet: Verfasser, in Anlehnung an Sharma, Rahul, a.a.O., S. 9

Die Systemverträge erlauben einen allgemeinen Zugang zu Verbindungen, Transaktionen und der Sicherheit des EIS, sie regeln die Schnittstelle zwischen Applikationsserver und Resource Adapter. In diesem Vertrag wird vereinbart wie der Applikationsserver und das EIS diese unterschiedlichen Dienste zu behandeln haben. Die Systemverträge beinhalten in der Version 1.0 drei Unterverträge, in denen genauer geregelt wird welche Dienste für Verbindungen (Connection Contract), Transaktionen (Transaction Contract) und Sicherheit (Security Contract) zur Verfügung gestellt werden müssen oder nur optional sind.[33]

Der Zugriff auf den Resource Adapter erfolgt über das CCI. Das CCI ist eine Programmier-Schnittstelle, die es den Anwendungskomponenten erlaubt sich mit dem EIS zu verbinden. Die Funktionalität ist der JDBC API sehr ähnlich, jedoch kann das CCI mit nichtrelationalen Systemen arbeiten. Diese Schnittstelle wird auch als Application Contract bezeichnet (s.a. Abbildung).[34]

Die Connector Architektur kann den Zugriff auf verschiedene Systeme und den Wechsel zwischen den Systemen erheblich erleichtern. Da die Architektur noch nicht lange

---

[33] Vgl. Sharma, Rahul: J2EE Connectors Specification v1.0, Online im Internet, http://java.sun.com/j2ee/download.html#connectorspec, Stand 22.8.2001, 4.11.2001, S. 13-18.
[34] Vgl. Stanhope, Jane: J2EE Connector Architecture Promises to Simplify Connections to Back-End Systems, Online im Internet: http:java.sun.com/j2ee/connector/giga/RPA-112000-00018.html, Stand 16.11.2000, Abruf 31.10.2001, S. 1-2.

auf dem Markt ist, wird es jedoch einige Zeit dauern bis sie sich als Standard durchge-
setzt hat.[35]

3.5. Datenbankmanagement

Dieser Abschnitt geht genauer auf die Anbindung von EIS durch das JDBC API ein.
Die Beschreibung bezieht sich auf die Version 2.0. Mittlerweile ist die Version 3.0 er-
schienen, die im Rahmen der Connector Spezifikation überarbeitet und dieser unterge-
ordnet wurde.

Die Anbindung relationaler Datenbanken erfolgt in J2EE Anwendungen durch die
JDBC API, eine Art Datenbanktreiber. Die Dienste, die durch die JDBC zur Verfügung
gestellt werden, umfassen den Verbindungsauf- und abbau, Authentifizierung, Transaktionsverwaltung, Vorabprüfung von SQL-Statements, Ausführung von Stored Procedu-
res und die Auswertung von Anfragen.[36]

Verbindungen zu Datenbanken werden durch sogenannte Connections repräsentiert.
„Eine Komponente kann mehrere Verbindungen zu einer oder zu verschiedenen Datenbanken öffnen. Über eine geöffnete Verbindung können SQL-Anweisungen zur Datenbank gesendet und Transaktionsabläufe gesteuert werden. Die Metadaten der Datenbank
können ebenfalls über dieses Objekt abgefragt werden."[37]

Bei einer Analyse der Laufzeit einer JDBC-Anwendung fällt auf, dass der Verbindungs-
aufbau eine sehr zeitaufwendige Operation ist. Dieser Zeitaufwand wird durch sogenannte Connection Pools behoben. Dabei handelt es um eine Art Puffer von wiederver-
wendbaren Datenbankverbindungen. Anwendungen können bei Bedarf eine Datenbank-
verbindung aus dem Puffer entnehmen und nach Verwendung wieder in den Puffer zu-
rückgeben. Durch die Wiederverwendung der Datenbankverbindungen kann die Zeit
des Verbindungsauf- und abbau eingespart und somit die Leistung der Anwendung erhöht werden.[38]

4. Die Umsetzung der J2EE Architektur am Beispiel von jcrew.com

In diesem Abschnitt wird anhand eines Beispiels die praktische Umsetzung der J2EE
Architektur beschrieben. Das Beispiel behandelt die Einführung der J2EE Architektur in
dem amerikanischen Modeversandhaus J.Crew.

---

[35] Sarathy, Vijay u.a.: Integrating Java Applications With the Enterprise, Online im Internet:
http://www.eaijournal.com/Article.asp?ArticleID=347&DepartmentID=5, Abruf 27.9.2001, S. 55.
[36] Frimont, Sven: JAVA zum Zugriff auf Datenbanken:JDBC, Online im Internet: http://www-
is.informatik.uni-
oldenburg.de/~grawund/Lehre/Seminare/WWD_2000_2001/JAVA_zum_Zugriff_auf_Datenbanken.ppt,
Stand 28.5.2001, Abruf 27.9.2001, S. 4.
[37] Turau, Volker u.a., a.a.O., S. 206-207.
[38] Vgl. Turau, Volker u.a., a.a.O., S. 223-225.

Die Aufgabe bestand darin die Web-Infrastruktur, des 1996 entworfenen Online-Katalogs (www.jcrew.com) zu erneuern. Aufgrund des Bedarfs für eine leicht skalierbare, erweiterbare und flexible Systemarchitektur sollte eine Multi-Tier Architektur, gemäß den J2EE Vorgaben, eingesetzt werden.

Der Aufbau des Systems wurde den Firmen Sun Professional Services, Fort Point Partners – ein E-Commerce Spezialist – und ATG – einer der führenden Anbieter für Javabasierte E-Commerce Anwendungen – übertragen.

Durch den Einsatz der J2EE Technologie konnte die Funktionalität des Online-Katalogs jcrew.com erheblich erweitert werden. Stellvertretend für die neuen Funktionen wird ein Beispiel aufgezeigt:

In dem neuen System wurde ein Connection Pool implementiert. Dieser legt eine maximale Anzahl von Verbindungen zur Datenbank fest. Wird das Maximum an Verbindungen überschritten, werden die zusätzlichen Anfragen in einen Holding Pool gelegt, bis eine Verbindung wieder frei wird. Dieser Vorgang verhindert ein Überladen der Datenbank und das damit verbundene Risiko eines Absturzes.

Insgesamt brachte das neue System erhebliche Produktivitätszuwächse. Durch die Einführung des neuen Online-Katalogs konnte der Umsatz um 100% gesteigert werden. Der Grund hierfür war unter anderem die Erweiterung der maximalen Benutzer um 8000, sowie die erheblich schnellere Generierung der Web-Seiten (s.a. Tabelle).[39]

Geschäftsprozess	Ergebnis
Umsatz	100% Wachstum im ersten Jahr (120Mio $)
Marketing	Die Zeit zur Durchführung von Markterhebungen konnte um 50% reduziert werden.
Marktanteil	Durch mehrsprachige Funktionalität konnte das Angebot auf mehrere Länder ausgeweitet werden
Time to market	Die Multi-Tier Architektur konnte in 4 Monaten entwickelt werden. Die mehrsprachige Funktionalität wurde in 2 Monaten entwickelt.

Tabelle 1 : Geschäftsprozessoptimierung durch die J2EE

Entworfen und gezeichnet: Verfasser, in Anlehnung an Ren, Dao, 2001, a.a.O., S. 52

5. Schlussbetrachtung

Die J2EE Architektur bietet eine Reihe von Vorteilen. Dies ist zum einen die leichte Skalierbarkeit, die mögliche Integration von bestehenden Datenbanksystemen, das einheitliche Sicherheitsmodell, die Plattformunabhängigkeit und Widerverwendbarkeit

---

[39] Ren, Dao: J.Crew Rebuilds its Web Presence with the ATG Dynamo Suite, Online im Internet: http://java.sun.com/j2ee/inpractice/jcrew.html, Stand 21.5.2001, Abruf 16.10.2001, S. 35-57.

(s.a. Kapitel 2.2.). Abgesehen von der gerade neu eingeführten Connector Architektur, bietet die J2EE auch den Vorteil eines bereits erprobten und somit technologisch ausgereiften und weit verbreiteten Systems. Die J2EE ermöglicht eine Vielzahl von Systemstrukturen und erlaubt den Einsatz verschiedenster Client-Typen. Dennoch bietet ein dieses Konzept keine Garantie für perfekte verteilte Anwendungen. Die nicht von der Hand zu weisende Komplexität mehrschichtiger Systeme muss von den Entwicklern beherrscht werden, wenn die potentiellen Vorteile nicht in ungeschickter Modellierung untergehen sollen.

Die J2EE Architektur hat sich mittlerweile als Standard im Applikationsservermarkt etabliert. Fast alle großen Anbieter wie z.B. Bea Systems, IBM, HP oder Oracle bieten J2EE kompatible Applikationsserver an. Es bleibt jedoch abzuwarten, inwieweit sich die J2EE Architektur gegen Microsofts .net Strategie behaupten kann.

Literaturverzeichnis

Shannon, Bill u.a.:   Java 2 Platform Enterprise Edition: platform and component specifications, 1. Aufl., New Jersey 2000

Stahlknecht, Peter u.a.:   Einführung in die Wirtschaftsinformatik, 8. Aufl., Berlin 1999

Turau, Volker u.a.:   Java Server Pages und J2EE: unternehmensweite Webbasierte Anwendungen, 1. Aufl., Heidelberg 2001

Online-Quellen

Bodoff, Stephanie: J2EE Platform Technologies, Online im Internet: http://www.usd.edu/~jonsmith/j2ee.pdf, Abruf 27.9.2001.

Cattell, Rick: J2EE Technology in Practice, Online im Internet: http://developer.java.sun.com/developer/Books/J2EETech/ch2.pdf, Abruf 15.10.2001.

Frimont, Sven: JAVA zum Zugriff auf Datenbanken:JDBC, Online im Internet: http://www-is.informatik.uni-oldenburg.de/~grawund/Lehre/Seminare/WWD_2000_2001/JAVA_zum_Zugriff_auf_Datenbanken.ppt, Stand 28.5.2001, Abruf 27.9.2001.

Hranitzky, Norbert: Applikationsserver, Online im Internet: http://www.hranitzky.purespace.de/docs/appserver.pdf, Stand 4.11.1998, Abruf 2.9.2001.

Husemann, Martin: Java 2, Enterprise Edition Einführung und Überblick, Online im Internet: http://wwwdbis.informatik.uni-kl.de/courses/seminar/SS2001/, Abruf 27.9.2001.

o.V.:   Developing Java 2 Platform, Enterprise edition (J2EE) Compatible Applications:Role-based Training for Rapid Implementation, Online im Internet: http://java.sun.com/j2ee/white/j2ee.pdf, Stand 10.1.2001, Abruf 4.10.2001.

o.V.:   Online im Internet: www.whatis.com, Abruf 5.10.2001.

o.V.:   Setting the Standard for Enterprise Applications, Online im Internet: http://java.sun.com/j2ee/overview3.html, Abruf 14.10.2001.

o.V.:   Frequently Asked Questions, Online im Internet: http://java.sun.com/j2ee/faq.html, Stand 17.9.2001, Abruf 17.9.2001.

o.V.:   What is the Java 2 Platform, Enterprise Edition?, Online im Internet: http://java.sun.com/j2ee/sdk_1.2.1/techdocs/guides/j2ee-overview/OverviewTOC.fm.html, Stand 1999, Abruf 3.9.2001.

o.V.:   Online im Internet: http://www-sst.informatik.tu-cott-bus.de/~db/doc/SoftwareEngineering/Components.pdf, Abruf 3.9.2001.

o.V.:   The J2EE Connector Architecture, Online im Internet: www.inqmy.com, Stand 2.5.2001, Abruf 14.10.2001.

Pawlan, Monica: Introduction to the J2EE Platform, Online im Internet: http://developer.java.sun.com, Stand 23.3.2001, Abruf 3.9.2001.

Ren, Dao: J.Crew Rebuilds its Web Presence with the ATG Dynamo Suite, Online im Internet: http://java.sun.com/j2ee/inpractice/jcrew.html, Stand 21.5.2001, Abruf 16.10.2001.

Sarathy, Vijay u.a.: Integrating Java Applications With the Enterprise, Online im Internet: http://www.eaijournal.com/Article.asp?ArticleID=347 &DepartmentID=5, Abruf 27.9.2001.

Shannon, Bill: Java 2 Platform Enterprise Edition Specification v1.3, Online im Internet, http://java.sun.com/j2ee/sdk_1.3/index.html, Stand 2.10.2001, 4.11.2001

Sharma, Rahul: J2EE Connectors Specification v1.0, Online im Internet, http://java.sun.com/j2ee/download.html#connectorspec, Stand 22.8.2001, 4.11.2001.

Stal, Michael: Reich der Mitte: Die Komponententechnologien COM+, EJB und "CORBA Components", Online im Internet: http://www.sigs.de/assets/images/stal.pdf, Abruf 27.9.2001.

Stampfli, Marc: Seminar Java Aktuell:SS1999, Online im Internet: www.ifi.unizh.ch/~riedl/lectures/EJB.htm, Abruf 3.9.2001.

Stanhope, Jane: J2EE Connector Architecture Promises to Simplify Connections to Back-End Systems, Online im Internet: http:java.sun.com/j2ee/connector/giga/RPA-112000-00018.html, Stand 16.11.2000.